거북 선생님 자연과학교실 2

개구리야, 시끄러워

거북 선생님 자연과학교실 2

개구리야, 시끄러워

권수진, 김성화 글 | 장경혜 그림

보리

거북이가 학교에 가요

 입 큰 거북이 있었어요. 남보다 겨우 조금 컸어요. 그래도 거북은 싫었어요. 어른들이 놀리면 거북은 입을 오므렸어요.
 어느 날 거북은 당차게 길을 떠났어요. 산이 나오면 산을 넘고 강이 나오면 강을 따라갔어요.
 거북은 머리 큰 개구리를 보았어요. 코 짧은 코끼리도 만났어요. 비뚤어져서 자라는 나무도 보았어요. 거북은 다리가 다섯 개밖에 없는 풍뎅이를 만나 길동무가 되었어요. 거북은 바람을 따라 어디든 가 보았어요.

깎아지른 낭떠러지, 모래 폭풍, 여름에도 녹지 않는 눈을 보았어요.

거북은 데굴데굴 구르고 엉금엉금 달렸어요. 발바닥에 굳은살이 박이고 목과 다리에 주름이 차곡차곡 쌓였어요.

하루는 거북이 수염 난 할머니를 보았어요.

수염 난 할머니가 걸걸한 목소리로 말했어요.

"우리 영감은 머리카락이 없어. 이걸 뽑아 영감에게 나눠 주면 좋으련만."

거북은 그만 웃음을 터뜨렸어요.

벌써 여러 해가 지났어요.

거북은 고향 집에 돌아왔어요. 집을 손보고, 사막과 바다와 정글 냄새가 물씬 나는 것들로 집 안을 꾸몄어요. 상어 이빨을 벽에 걸고, 뱀 허물로 방석을 만들었어요. 창가에는 선인장을 놓았어요. 아침마다 조개껍데기에 밥을 담아 먹었어요.

거북은 바위에 앉아 느릿느릿 책을 읽었어요. 빈둥빈둥 쏘다녔어요. 햇볕이 쨍쨍한 날에는 우렁차게 노래를 불렀어요. 하지만 저녁이 되면 기분이 가라앉고 사막과 바다와 정글이 그리웠지요.

어느 날 거북은 오솔길 너머 학교에 가 보았어요.

교장 선생님과 거북은 한참 동안 이야기를 나누었어요. 헤어질 때 교장 선생님이 거북 앞다리를 흔들며 말했어요.

"에헴, 내일부터 과학 시간에 우리 아이들을 돌봐 주세요."

아, 이때 기억나요, 참 재미있었죠. 올해도 잘 부탁드려요! 거북 선생님.

우하하하

거북은 가슴이 쿵덕쿵덕 뛰었어요. 그게 일 년 전 일이랍니다.

느지막한 아침이에요. 오늘도 거북이 학교에 가요. 운동장을 가로지르고 계단을 엉금엉금 올라가 교실 문을 벌컥 열어요.

"애들아, 안녕!"

아이들하고 이야기할 때 거북은 즐거워서 입을 쩍쩍 벌려요. 아이들에게 봄에 개구리 이야기, 여름에 바람 이야기, 가을에 곰팡이 이야기를 들려줄 거예요.

차례

거북이가 학교에 가요 • 4

개구리
개구리야, 시끄러워 • 12
봐, 개구리야 • 18
올챙이가 개구리가 돼 • 19

바람
난 바람을 볼 수 있어 • 22
바람이 어떻게 생길까? • 28
시원한 바람이 불어 • 29

천둥번개
번개는 □□야 • 32
번개가 땅으로 떨어지면 벼락이 돼 • 40

곰팡이

곰팡이가 나타났다! • 44
땅속에도 곰팡이가 살아 • 52

동굴

두근두근 동굴 속으로! • 56
동굴이 어떻게 생길까? • 64
동굴 안에 누가 살까? • 65

나무

나무는 겨울에 무얼 할까? • 68
겨울나무에서 눈을 찾아봐 • 76

파충류

거북 선생님은 파충류 • 80
파충류가 궁금해 • 84

겨울잠 자기 싫어 • 86

개구리

해마다 봄밤에 개구리 총각이 꾸르륵 꽤르륵 꽈르륵 꾸루룩

개구리야, 시끄러워

거북은 요즘 통 잠을 못 잤어요.
밤마다 여기저기서 개구리 소리가 울렸어요.
꾸르륵꾸르륵! 꽥꽥!
꾀우륵꾀우륵! 끅끅!
"아이고, 시끄러워! 잠 좀 자자!"
이불을 뒤집어쓰고 머리에 목도리를 칭칭 감아도 개구리 소리가 울렸어요.
"정말 끝도 없구나!"
구시렁구시렁 투덜대다가 잠까지 달아나 버렸지요.
"저놈들이 도대체 뭐라고 떠들어 대는 거야?"
거북이 벌떡 일어났어요.
"뭐라는 건지 알아봐야겠어."
깊고 깊은 한밤중에 눈을 부릅뜨고, 귀를 쫑긋하고 종이에 개구리 소리를 받아 적었어요.

꾸르륵 꾸르륵 께르륵 께르륵
꾀르륵 꾀르륵 꿔르륵 꿔르륵
꿰르륵 꿰르륵 끄르륵 끄르륵
꾀우륵 꾀우륵 꾀르윽 꾀르윽

거북은 책장을 뒤져 오래된 개구리 말 사전을 꺼냈어요.
"어디 보자."
거북은 종이를 펴고 적어 내려가기 시작했어요. 오랜만에 학자가 된 것처럼 우쭐한 기분이 들었지요.

꽥꽥 한 해에 한 번 장가들려고 이렇게 울어 대는데 너희들이 좀 참아라!

"어쭈! 정말로 건방진 개구리잖아!"

꾸르륵 나는 썩 괜찮은 개구리 총각
꼬르륵 알 잘 낳는 개구리 처녀 찾는다!
꿰르륵 큰 머리통 찢어진 입 불거진 두 눈
께르륵 힘세고 통통한 뒷다리
꾀르륵 나는 온갖 일을 겪었지.
끄르륵 알껍데기에 싸여서 40일
꾸르윽 알을 깨고 올챙이가 되었어.
꿰륵 뒷다리가 나오고 앞다리가 나오고
께르윽 언제쯤 멋진 개구리가 될까?
깨륵 꼬리가 사라지고 아가미가 사라지고
까르륵 나는 땅으로 올라왔지.
꿰에르륵 달팽이쯤 한입에 꿀꺽, 씹지도 않고 꿀떡
꿰에륵 이제는 높이뛰기 선수
꾸우룩 구멍 속에서 외롭게 겨울잠도 자 봤고
꾸륵꾀륵 울음주머니도 빵 하고 터질 듯해
꾀륵꾸륵 아, 애타는 봄밤, 잠 못 드는 봄밤!
꼬륵꾸륵 2천 알쯤 끄떡없이 낳을 수 있는,
꽤르륵 알 잘 낳는 암 개구리야, 내가 여기 있단다!

"아하! 개구리 총각이 개구리 처녀를 애타게 찾는구나. 해마다 봄밤에."
거북은 창문을 열고 풀숲에 숨어 보이지 않는 개구리들에게 소리쳤어요.
"개구리야! 네 마음을 몰랐어. 욕해서 미안해!"

학교 가는 길에 거북이 골똘히 생각에 잠겼어요. 오솔길을 느릿느릿 엉금엉금 걸었어요.

'오늘은 아이들한테 개구리 이야기를 해 줘야지. 개구리 집안이 뼈대 있는 집안이라고 말해 줘야지. 개구리가 물컹물컹하게 보인다고? 천만에! 개구리 몸속에는 딱딱하고 훌륭한 머리뼈와 등뼈, 꼬리뼈, 다리뼈가 있는걸. 개구리 집안이 아주 오래되었다는 것도 알려 줘야지. 개구리가 공룡보다 더 옛날부터 지구에 살았다는 걸 알면 아이들이 깜짝 놀랄 거야.'

거북은 아이들한테 해 줄 이야기를 생각하느라 느릿느릿 걸었어요.

'그런데 이상도 하지? 올챙이하고 개구리는 정말 다르게 생겼잖아! 걔가 걘 줄 어떻게 알겠어? 어릴 때는 물에서 살고, 다 자라면 땅에서 살고, 알을 낳을 때는 다시 물가로 가고.'

거북은 잠깐 오솔길 옆 바위에 걸터앉았어요. 바람이 지나갔어요.

"음, 상큼한 바람! 개구리는 정말 이상해. 봐 봐. 나는 이렇게 코로 숨을 쉬지. 내가 코로 숨을 쉬면 공기가 코로 들어와. 하지만 개구리는 살갗으로 공기를 마신다고. 그건 어떤 기분일까? 코로 바람을 들이킬 때처럼 상쾌할까? 시원할까? 간지러울까?"

거북은 다리와 배와 얼굴에 주름을 펴고 바람을 느껴 보았어요. 그런데 바위 옆에서 뭔가 꿈틀거리는 게 보였어요. 개구리가 이리저리 몸을 비틀고 있었어요. 거북이 고개를 쑤욱 뺐어요.

"개구리야, 왜 그래? 도와줄까?"

개구리는 대답도 않고 꿈틀대더니 머리를 앞으로 내밀었어요. 그러더니 그만 껍질이 쑥 벗겨졌어요!

"이런 이런!"

개구리는 헌 껍질을 입에 물고 눈을 껌뻑거렸어요. 거북도 놀라서 눈을 끔뻑거렸어요. 개구리는 허물을 꿀꺽 삼키고 폴짝폴짝 뛰어갔어요.

 똑똑! 자연과학교실

봐, 개구리야

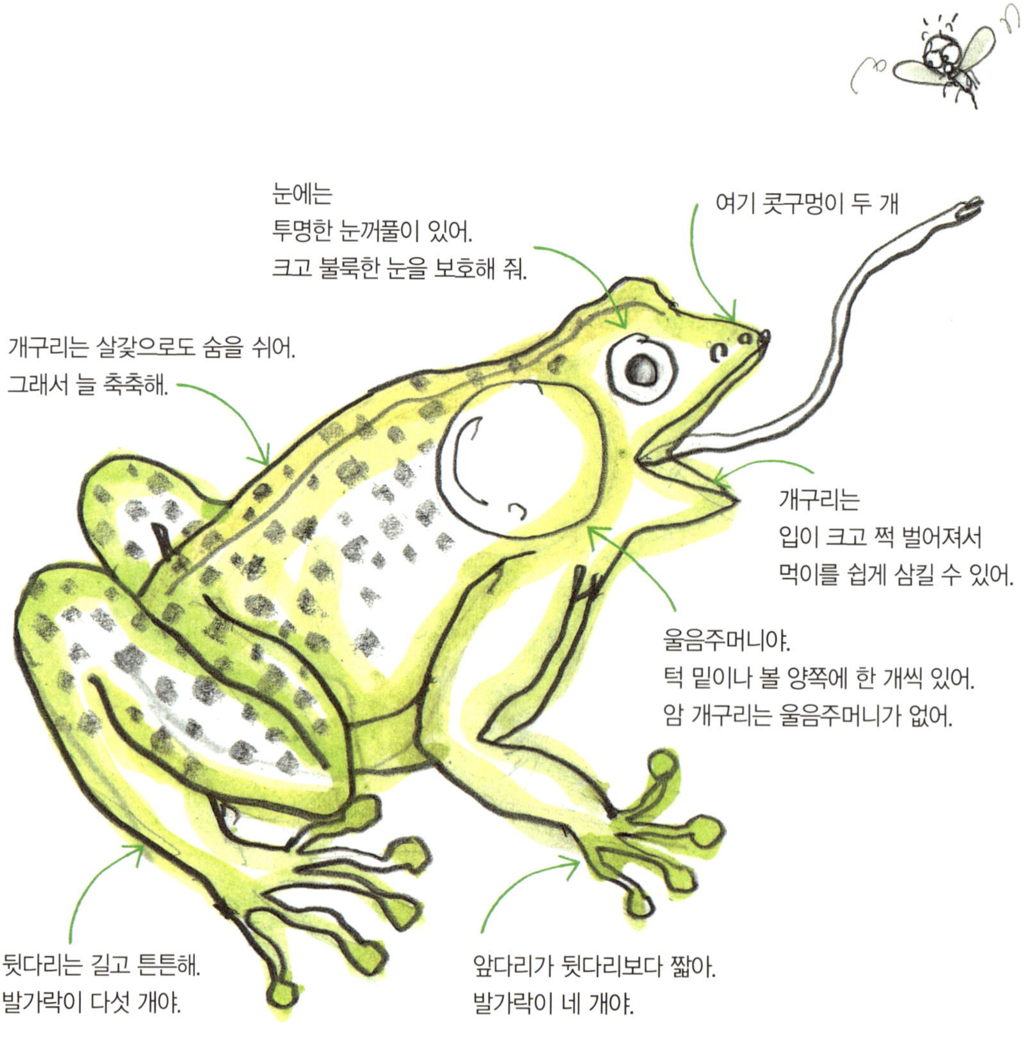

눈에는
투명한 눈꺼풀이 있어.
크고 불룩한 눈을 보호해 줘.

여기 콧구멍이 두 개

개구리는 살갗으로도 숨을 쉬어.
그래서 늘 축축해.

개구리는
입이 크고 쩍 벌어져서
먹이를 쉽게 삼킬 수 있어.

울음주머니야.
턱 밑이나 볼 양쪽에 한 개씩 있어.
암 개구리는 울음주머니가 없어.

뒷다리는 길고 튼튼해.
발가락이 다섯 개야.

앞다리가 뒷다리보다 짧아.
발가락이 네 개야.

올챙이가 개구리가 돼

   　　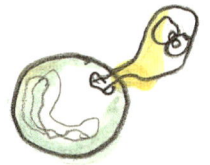　　

개구리 알이야.
알에 조그만 알갱이가 보이지?　　알갱이가 점점 커져서 올챙이가 돼.　　올챙이가 알 밖으로 나와. 물고기처럼 아가미가 있어.

올챙이는 작은 이빨로
물속에서 풀을 뜯어 먹고 자란단다.　　뒷다리가 생겨.　　앞다리가 생겨.

꼬리가 사라지고,
개구리가 되었어!　　올챙이가 개구리가 되는 데 한 달 열흘쯤 걸린단다.

바람

빨강 바람, 주황 바람, 노랑 바람, 파랑 바람. 바람에도 색깔이 있으면 좋겠어.

난 바람을 볼 수 있어

아침에 거북이 이불 속에서 말했어요.

"어이쿠, 머릿속에 바람이 윙윙 부네."

거북은 일어나서 밖으로 나갔어요. 풀숲에 앉아서 바람이 지나가기를 기다렸어요. 바람이 지나가면 봉지 속에 넣으려고 커다란 봉지도 가져왔어요.

풀이 가만가만 흔들렸어요.

"아직 아니야. 조금 더 쌩쌩 불길 기다려야지."

풀이 흔들흔들 춤을 추었어요.

"앗, 지금이다."

거북은 봉지를 열고, 바람을 담고, 봉지를 꼭 묶었어요. 봉지가 팽팽했어요. 바람 봉지를 가방에 넣고 거북은 휘파람을 불며 학교에 갔어요.

"얘들아, 안녕! 정말 시원한 날이야! 오늘은 내가 바람을 준비했단다."

하지만 거북이 가방을 열었을 때 봉지는 시들시들했어요!

"이게 뭐야!"

"아무것도 없잖아!"

아이들이 픽 웃었어요.

"뭐야, 봉지 속에 바람이 있단 말이야?"

"아침에는 그랬지. 이럴 줄 알았어. 바람은 늘 싸돌아다닌다니까!"

거북은 봉지를 팽 내팽개쳤어요.

"바람이 우리 집 앞에만 있는 건 아니지. 애들아, 창문 좀 활짝 열어 봐. 여기에도 바람이 있을 테니."

교실 창문으로 시원한 바람이 불어 들어왔어요.

책상 위에 공책이 팔랑거렸어요. 창턱에 놓아둔 화분에도 바람이 머무는지 꽃잎이 움직였어요. 거북이 팽개친 봉지도 교실 바닥에서 휘릭 날아갔지요.

"애들아, 바람은 눈에 안 보여. 냄새도 안 나. 색깔도 없어."

"하지만 소리가 나. 휘잉!"

거북이 고개를 끄덕였어요.

"맞아. 바람이 지나가면 소리가 나. 나무가 소리를 내고, 풀들이 소리를 내고, 창문이 소리를 내고, 똥구멍이 소리를 내. 배 속에 있던 바람이 밖으로 나오는 소리! 하지만 소리가 안 날 때도 있어. 바람이 살살 불 때는 소리가 안 나."

"맞아."

이번에는 아이들이 고개를 끄덕였어요.

"그래도 난 알아. 바람이 지나가는 걸 말이야."

거북은 입으로 바람 소리를 냈어요. 아이들도 따라서 바람 소리를 냈어요.

휴우웅! 휘이잉! 홰앵! 쌔앵! 쉬이이! 펄럭!

여러 가지 바람 소리가 교실에 울려 퍼졌어요.

거북이 말했어요.

"애들아, 바람이 왜 불까? 어디에서 올까?"

아이들은 바람이 불어오는 곳을 생각해 보았어요.

"바람은 하늘에서 와."

"산에서도 오지."

"강에서도 온다고."

"기차에서도 오고."

"선풍기에서도 바람이 나와."

"어? 바람이 어디에 숨어 있었지?"

거북이 웃었어요.

거북은 입으로 훅 하고 바람을 불었어요.

아이들도 따라했어요. 손을 가까이 대고 훅 불었어요. 따뜻한 바람이 손가락 사이로 빠져나갔어요.

거북이 말했어요.

"바람은 공기가 지나가는 거야. 공기가 움직여서 바람이 생겨."

"공기라고?"

"응, 우리가 숨 쉬는 공기 말이야. 공기는 눈에 보이지 않지만 어디에나 있어. 산에도 강에도 집에도 운동장에도 기찻길에도 목구멍 속에도 말이야!"

아이들이 물었어요.

"공기가 왜 움직이는데?"

"공기는 눈에 보이지 않으니까 어떻게 움직이는지 보이지 않지. 하지만 공기는 늘 움직이고 싶어 해. 많이 있는 곳에서 적게 있는 곳으로!"

거북이 가방에서 보라색 물감을 꺼냈어요. 바가지에 물을 담고 보라색 물감을 한 방울 떨어뜨렸어요.

거북이 물었어요.

"물감이 어떻게 될까?"

"어떻게 되긴! 점점 퍼지지!"

"바로 그거야. 물감이 물속으로 퍼지는 것처럼 공기도 많은 곳에서 적은 곳으로 움직여 간단다. 공기들도 한곳에 비좁게 모여 있는 걸 싫어하거든. 어떻게든 공기가 없는 곳으로 가려고 하지. 공기는 세상 모든 곳으로 골고루 퍼지고 싶어 해."

아이들이 중얼거렸어요.

"공기가 파란색이면 좋겠다. 그러면 파란색이 흘러 다니는 걸 볼 수 있을 텐데!"

"난 보라색이면 좋겠어."

"난 노란색 공기!"

정말 공기에 색깔이 있으면 어떻게 보일까요?

태풍이 불 때는 어떤 모습일까요?

바람이 어떻게 생길까?

눈에 보이지 않지만
공기는 어디에나 있어.
산꼭대기, 바닷가, 운동장, 깊은 동굴 속!
하지만 어디에나 똑같이
공기가 있는 건 아니야.

햇볕이 많이 내리쬐는 곳에서는
공기가 따뜻해지고,
따뜻한 공기는 가벼워져서
위로 위로 올라간단다.

빈자리로 다른 공기가
몰려와 채워 줘.

공기는 공평하게
골고루 퍼지고 싶어 해.
그러려고 공기가 많은 곳에서
없는 곳으로 몰려다닌단다.
그게 바로 바람이야.

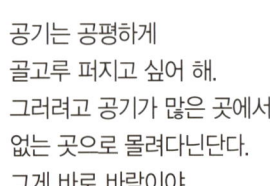

시원한 바람이 불어

공기가 한꺼번에 많이
몰려다니면 센 바람이 불어.

선풍기를 돌려도 바람이 나와.

선풍기 날개가 쌩쌩 돌아가면
그곳에 있는 공기가 갑자기
달아나고 빈자리가 생겨.

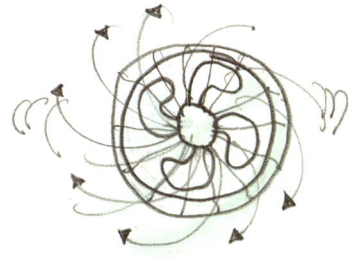

빈자리를 채우려고 선풍기 뒤쪽에서
공기가 몰려들고 날개 모양을 따라
앞으로 밀려 나온단다.

어, 시원한 선풍기 바람!

천둥번개

번개는 □□야

하늘에 구름이 잔뜩 끼었어요.

"어째 비가 올 것 같네."

거북이 중얼거리며 교실로 들어섰어요.

"안녕, 애들아!"

하늘이 점점 시커멓게 되더니 후두둑후두둑 금세 빗방울이 창문을 때렸어요. 바람도 휘이잉 불었어요. 덜컹덜컹! 비바람이 창문을 흔들었어요.

아이들이 소리쳤어요.

"거북아, 으스스한 이야기 해 줄래?"

"무서운 이야기 해 봐!"

"좋아, 간을 콩닥콩닥하게 만들어 줄게. 음……. 낭떠러지 위에서 다리 없는 귀신을 만났을 때가 떠오른다."

그때 번쩍! 창밖이 밝아지면서 무시무시한 빛줄기가 지나갔어요. 우르릉 쾅! 천둥이 울리고 교실이 흔들렸어요.

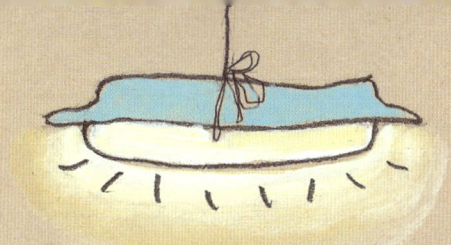

"번개다! 엄마야!"

아이들은 귀를 막고 책상 밑에 숨었어요. 거북도 어느새 머리를 등딱지 속에 쏙 밀어 넣었지요.

'아이쿠, 호들갑은! 나이가 몇인데 아직도 천둥번개를 무서워하다니!'

거북이 머리를 쑥 내밀었어요.

"애들아, 천둥번개가 너희를 잡아가는 것도 아닌데 뭐가 무섭다고!"

"그래도 무서운걸!"

"왜 번개가 치는 거야?"

"왜 하늘이 번쩍번쩍하고 무시무시한 소리가 나는 거야?"

"정말로 알고 싶니?"

"그렇다니까!"

"이건 대단히 어려운 이야기야. 아이들은 때때로 얼마나 어려운 질문인지도 모르고 엄청난 질문을 한다니까."

"그래도 알고 싶어!"

거북은 돌아서서 칠판에 커다랗게 썼어요.
"번개는 □□야!"
"네모네모가 뭐야?"
"맞혀 봐."
"번개는 귀신이야."
"요술이야."
아이들이 와글와글 떠들었어요.

거북이 빙긋 웃었어요.

"번개는 전기란다! 하늘에서 생긴 커다란 정전기야!"

거북이 하늘을 가리켰어요. 아이들은 어두컴컴한 하늘을 쳐다보았어요.

번개가 전기라고요? 아이들은 깜짝 놀랐어요. 도대체 전기가 어디에 숨어 있다가 폭풍우 치는 날 우르르 쾅쾅 하고 나타나는 걸까요?

"거짓말! 하늘에 어떻게 전기가 생겨?"

"스위치는 누가 켜고."

"높은 하늘 위에도 전깃줄이 있어?"

"하늘에도 발전소가 있다는 거야?"

"왜 비 오는 날에 천둥번개가 많이 쳐?"

거북은 정신이 하나도 없었어요.

"알았어, 알았다고! 하나씩 차근차근히!"

거북은 천둥번개가 치는 하늘을 가리켰어요.

"저기 구름 속에 전기가 숨어 있어!"

아이들은 깜짝 놀라서 구름을 쳐다보았어요.

"구름 속에 전기가 있다고?"

"구름 속에도 있고말고! 전기는 어디에나 있어. 전기는 나무에도 있고 털옷에도 있고, 책상에도 있고, 풍선에도 있고, 양초에도 있고, 돌멩이 속에도 있고, 쓰레기 속에도 있어. 공기에도 전기가 숨어 있고, 흙에도 있고, 물방울에도 구름 속에도 전기가 숨어 있단다. 전기는 어디에나 아무 데나 있어."

"그런데 왜 아무 때나 찌릿찌릿 하지 않아?"

"보통 때는 전기가 있다는 걸 알 수 없어. 눈을 씻고 봐도 전기가 있는 걸 모르지. 보통 때 전기는 꽁꽁 숨어 있거든. 전기를 나오게 하려면 못살게 굴어야 해."

그러면서 거북은 가방에서 풍선을 꺼냈어요. 푸푸 불어서 축구공만큼 크게 만들었어요.

"이걸 머리카락에 비비는 거야. 나는 머리카락이 없으니까 네가 좋겠다."

거북은 맨 앞에 앉은 아이 머리에 풍선을 마구 비볐어요.

그랬더니! 머리카락이 풀처럼 위로 솟았어요. 머리카락이 풍선에 달라붙었어요!

아이들이 푸하하 웃었어요.

"풍선이 마술을 부려!"

"이건 마술 아니야. 전기가 눈에 보이게 된 거라고! 전기는 보통 때는 눈에 보이지 않아. 하지만 보이게 할 수 있지."

거북은 크게 숨을 쉬고 또박또박 말했어요.

"풍선을 머리에 마구 문지르면 머리카락에서 조그만 알갱이들이 튀어나와!"

"조그만 알갱이라고? 하지만 그런 건 안 보이는데?"

"당연하지. 그건 정말 정말 작아. 현미경으로도 보이지 않아. 과학자들이 '전자'라고 부르는 거야. 풍선에도 전자가 많이 있고 머리카락에도 전자가 많이 있지. 풍선을 머리에 비비면 머리카락에서 눈에 보이지 않는 전자 알갱이가 떨어져 나와 풍선에 달라붙는단다. 풍선에는 알갱이가 많아지고 머리카락에는 적어지는 거야. 하지만 전자 알갱이들은 한쪽에만 많이 있는 걸 싫어해. 그래서 도로 머리카락으로 돌아가려고 찌릿찌릿 난리를 피우지."

"알았어! 정전기! 찌릿찌릿 정전기!"

"그래그래. 풍선은 비비고 문지르기만 해도 쉽게 정전기가 생겨. 머리카락이 풍선에 달라붙고 찌지직 소리가 나고. 알갱이가 제자리로 돌아가면서 나는 소리란다. 털 담요를 문질러도 쉽게 정전기가 생기는데 그때는 번쩍번쩍 빛이 나기도 해. 밤에 불을 끄면 번쩍번쩍 불꽃을 볼 수 있어."

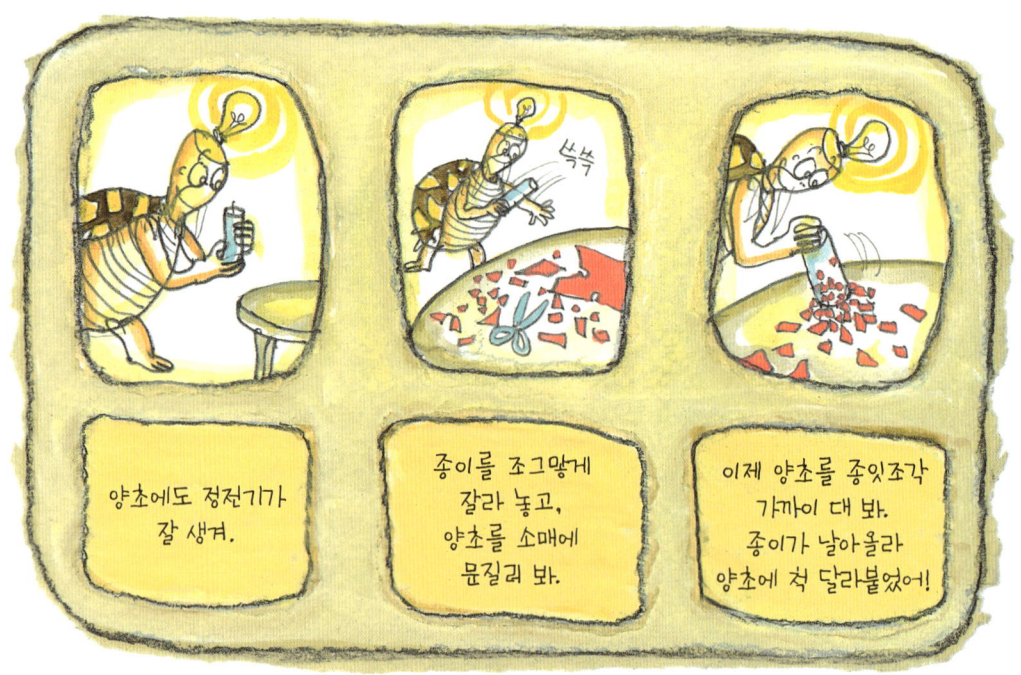

거북은 창가로 다가가 창문을 열었어요. 비바람이 휘이잉 들어왔어요.

"폭풍우가 치는 날에는 구름에서 정전기가 생겨.

구름 안에는 작은 물방울과 얼음 조각들이 잔뜩 들어 있어. 바람이 세게 불고 비가 오면 구름 속에서 물방울과 얼음 조각들이 빠르게 스치고 부딪힌단다. 그러면 물방울 속에 있던 전자 알갱이들이 튀어나와 이리저리 옮겨 다녀.

구름 한쪽에는 알갱이가 점점 더 많아지고 다른 한쪽에는 알갱이가 점점 더 적어지고. 그러다가 도로 제자리를 찾으려고 마구 소란을 피워 구름 사이에 눈 깜짝할 새에 전기가 흐르는 거야.

풍선을 문지를 때는 정전기가 조금밖에 안 생기지만 커다란 구름에는 정전기가 아주 많이 생겨. 그래서 하늘에 빛줄기가 무시무시하게 번쩍이고 엄청난 소리가 나는 거란다. 그게 바로……."

"알았어! 그게 바로 천둥번개야!"
번쩍! 우르르쾅!
다시 또 천둥번개가 쳤어요.
"엄마야!"
아이들은 소리를 지르고 책상을 두드리고,
깔깔깔 웃어 댔어요.

 똑똑! 자연과학교실

번개가 땅으로 떨어지면 벼락이 돼

하늘 높은 곳에서
날마다 번개가 치고 있어.
번개가 땅에 떨어지면
그게 바로 벼락이야.

폭풍우가 칠 때
구름 속 물방울에서
전자 알갱이들이 튀어나와
눈 깜짝할 사이에 땅으로
흐르는 거야.

벼락은 태양만큼 뜨거워.
커다란 나무도 단번에 태우고
단단한 바위도 녹일 수 있어.

바다에도 들판에도 어디에나
벼락이 떨어지지.

벼락은 하늘에서 더 가까운 곳,
뾰족한 곳에 가장 잘 떨어진단다.

천둥번개가 치는 날에는
높은 산에 올라가거나 큰 나무 밑으로
피하면 안 돼. 벼락이 떨어질 때는
낮은 곳에 엎드려야 해.

곰팡이

축축해 축축해! 컴컴하고 콤콤해. 슬금슬금 움틀움틀 앗, 나타났다!

곰팡이가 나타났다!

어제도 오늘도 비가 내렸어요.

그제도 비가 많이 왔어요.

"축축해, 축축해! 꼭 물속에 사는 거 같다니까. 차라리 물에서 첨벙거리는 게 낫겠다."

거북은 부엌으로 갔어요.

설거지할 그릇이 잔뜩 쌓여 있었어요.

접시에 먹다 남은 빵이 보였어요.

"앗, 이게 뭐야!"

빵이 푸릇푸릇했어요. 위쪽도 아래쪽도 퍼릇했어요.

"곰팡이가 피었잖아!"

거북은 혹시 남은 빵을 먹을 수 있을까 하고 반으로 갈라 보았어요. 속에도 퍼릇퍼릇했어요. 고소한 빵 냄새 대신 퀘퀘한 냄새가 났지요.

곰팡이가 "못 먹게 돼 그것 참 쌤통이다!" 하고 말하는 것 같았어요.

거북은 살짝 입을 대 보았어요.

"퉤퉤! 그거 참 고약하고 몹쓸 맛이 나네."

거북은 못 먹게 된 빵을 버리려다가 봉지에 잘 싸서 가방에 넣었어요. 시계를 보니 벌써 학교에 갈 시간이에요. 거북은 우산을 쓰고 가방을 들고 장화를 신고서 철버덕철버덕 학교에 갔어요.

"얘들아, 이것 좀 봐! 오늘은 내가 굉장한 걸 가져왔어."

"뭔데, 그게?"

"빵에 곰팡이가 피었어!"

"뭐야! 그거 더러운 거잖아!"

"먹지도 못하는데 왜 가져왔어?"

"버려!"

거북이 손을 휘휘 저었어요.

"아니야, 그렇지 않아. 곰팡이가 얼마나 예쁘게 생겼는데! 한번 볼래?"

거북은 곰팡이를 손으로 살살 쓰다듬었어요.

아이들 눈이 휘둥그레졌어요.

"어, 어? 나도 보자, 곰팡이!"

아이들이 뛰어나왔어요. 아이들은 곰팡이를 손으로 만지고 연필로 찔러 보았어요. 푸 하고 바람을 불었어요. 푸릇푸릇한 게 부스스 떨어졌어요.

"이건 내 곰팡이야. 다 흩어지잖아!"

"그깟 곰팡이, 줘도 싫어."

아이들이 물었어요.

"그런데 왜 곰팡이가 생기는 거야? 처음에는 없었는데."

그러자 거북이 냉큼 말했지요.
"바로 그거야. 그래서 오늘 내가 곰팡이 핀 빵을 가지고 왔지. 우리 눈에 보이지 않지만 공기 속에 곰팡이 씨가 떠다니고 있단다!"
"정말?"
아이들은 곰팡이 씨가 있나 보려고 팔을 휘휘 저었어요.

"그렇다니까. 곰팡이 씨가 둥둥 떠다니다가 사람들이 내버려 둔 음식에 내려앉아. 곰팡이 씨는 먼지처럼 공중에 떠다닐 때는 죽은 듯이 지내다가, 맛있는 무언가에 내려앉으면 스멀스멀 깨어나서 곰팡이를 피운단다. 곰팡이는 퀘퀘한 냄새를 풍기면서 열심히 음식을 먹어 치우지. 곰팡이도 사람들이 먹는 음식을 좋아하거든. 음식이 오랫동안 내버려져 있으면 더 좋아하고.

곰팡이는 못 먹는 게 없어. 곰팡이는 아무 데나 살아."

아이들 눈이 휘둥그레졌어요. 거북은 곰팡이 핀 빵을 한번 보고 씽긋 웃으며 말했어요.

"어떤 곰팡이는 축축한 죽은 나무를 좋아해. 어떤 곰팡이는 세탁기 속에 살아. 어떤 곰팡이는 비둘기 똥을 좋아하고 어떤 곰팡이는 썩은 채소를 좋아하지. 어떤 곰팡이는 벌레를 갉아 먹어.

벽지를 먹는 곰팡이, 가죽을 먹는 곰팡이, 석유를 먹는 곰팡이, 플라스틱을 먹는 곰팡이도 있어.

빨간 곰팡이, 흰 곰팡이, 검은 곰팡이, 푸른곰팡이, 분홍색 곰팡이, 회색 곰팡이, 보라색 곰팡이, 녹색 곰팡이, 정말 정말 많아.

곰팡이는 운동화 속에도 살고 발가락에도 살아!"

"뭐? 곰팡이가 발가락도 먹는단 말이야?"

"응, 그게 바로 무좀 곰팡이야. 땀에 젖은 발을 씻지 않고 내버려 두면 곰팡이가 좋아해. 발가락 때와 땀과 발가락 껍질을 먹는 거야."

"에이, 더러워!"

"와, 곰팡이가 그렇게 아무 데나 사는 줄, 별거 별거 다 먹는 줄 몰랐어."

"곰팡이가 그렇다니까. 아무튼 곰팡이는 축축하고 어두컴컴하고 바람이 안 통하는 곳을 가장 좋아해."

"우리 엄마는 곰팡이 싫어해. 세제를 팍팍 뿌려서 죽여야 한다는데? 곰팡이는 나쁜 거야?"

"그렇지 않아. 사람들이 잘 먹는 곰팡이도 있는데 뭘. 누룩곰팡이는 메주를 만들고 푸른곰팡이는 치즈를 만들지. 된장이랑 치즈는 맛도 좋고 영양분도 많아. 너희들이 잘 몰라서 그러는데, 곰팡이는 게다가 대단한 청소부야! 곰팡이가 이 세상 쓰레기를 싹싹 먹어 치워."

"곰팡이가 쓰레기를 먹지 않고, 시든 풀도 먹지 않고, 땅 위에 떨어진 나뭇잎과 나뭇가지를 먹지 않고, 시체도 먹지 않고, 사람들이 남긴 음식들도 먹지 않으면 어떻게 될까?"
아이들은 산처럼 쌓인 쓰레기 더미를 떠올려 보았어요.
"끔찍해!"
"끔찍하고말고! 그러니 곰팡이가 부지런히 일하는 걸 고마워해야지."
그러면서 거북은 봉지에 빵을 도로 담았어요.
왜냐고요? 곰팡이를 키우려고요!

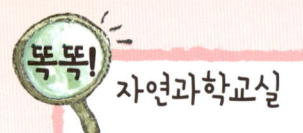 똑똑! 자연과학교실

땅속에도 곰팡이가 살아

땅속에서 곰팡이는 나무와 함께 사이좋게 살아간단다.

곰팡이는 나무뿌리가 흙에서 영양분을 모을 수 있도록 도와주고,

나무는 뿌리에서 곰팡이가 좋아하는 양분을 내어 줘.

곰팡이는 때가 되면 땅 위로
꽃을 피워 올리지. 그게 바로 버섯이야!
버섯갓 안쪽에는 새로운 곰팡이가 될
씨가 잔뜩 달려 있어.

바람이 불면
눈에 보이지 않는 곰팡이 씨가
공중으로 날아가다가

축축하고 어두운 땅에 내려앉아.
새로운 버섯 곰팡이를
만드는 거야.

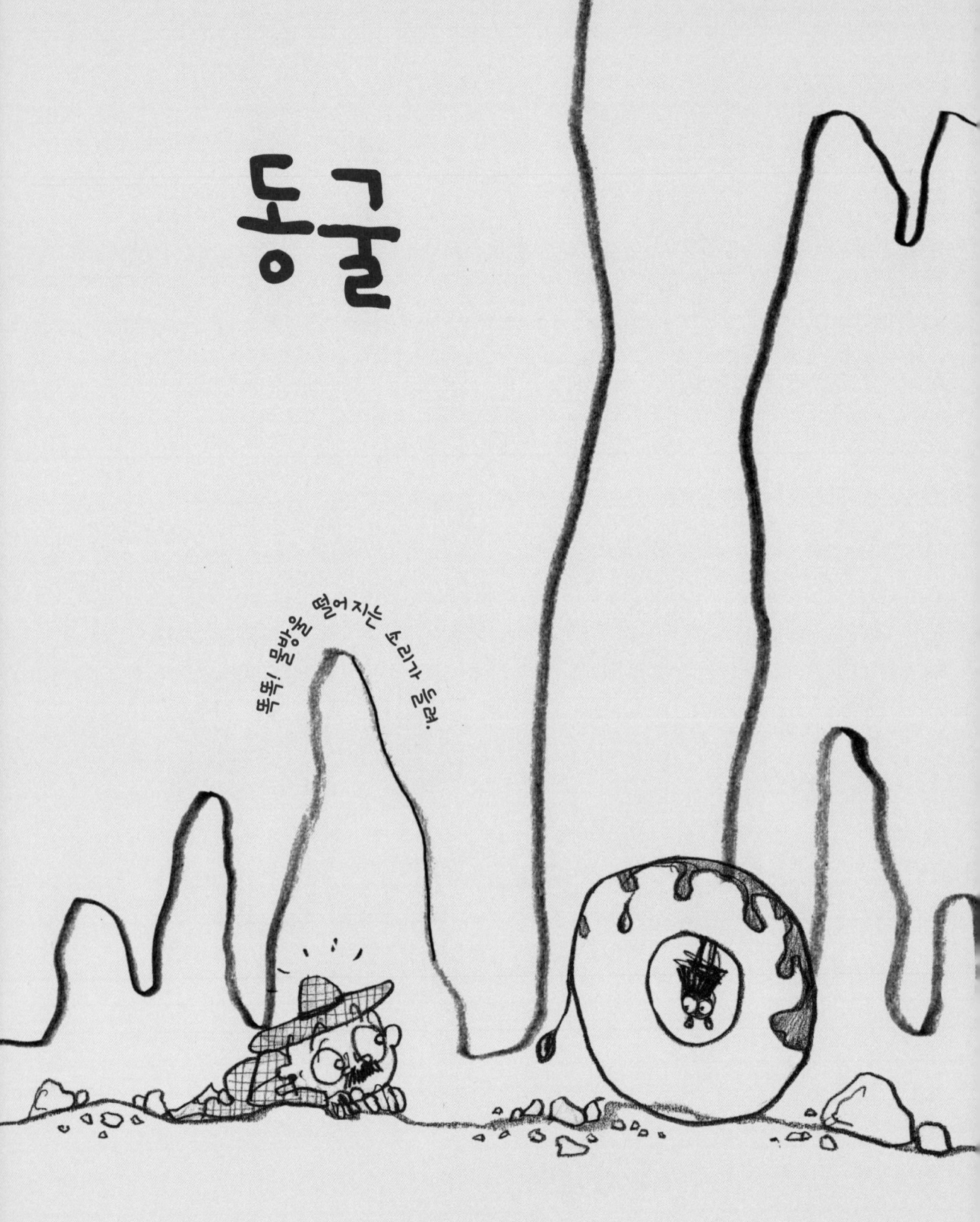

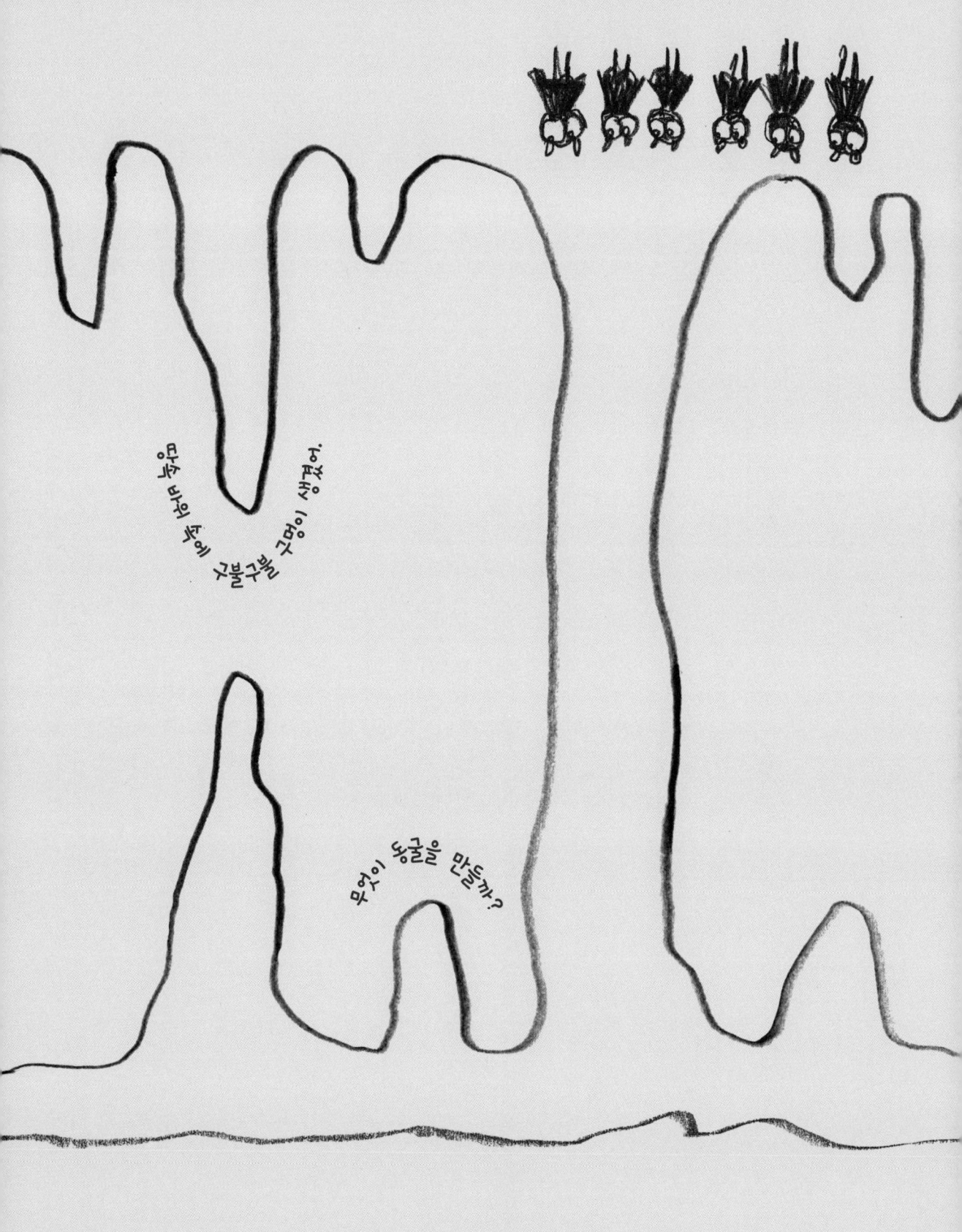

두근두근 동굴 속으로!

거북은 여행을 많이 했어요. 산과 바다, 밀림, 사막을 돌아다녔고, 바다처럼 넓은 호수를 구경했어요. 소금 광산에도 가 보았어요.

"하지만 아직 동굴에는 못 가 봤어! 세상에는 동굴이 수천 개나 있다던데!"

거북은 좋은 생각이 났어요. 아이들과 함께 '아슬아슬 동굴행' 버스를 타는 거예요!

운전사 아저씨가 겁을 주었어요.

"이봐, 동굴은 위험한 곳이야. 깊고 캄캄하고 미끌거려!"

"바로 그거야! 깊을수록 더 좋고 캄캄하고 미끌거릴수록 더 재밌다니까!"

거북은 기분이 좋아서 소리쳤어요.

버스가 동굴 들머리에 멈췄어요. 아이들이 소리치며 뛰어갔어요. 거북도 끙끙거리며 따라갔어요.

동굴 앞에 안내판이 보였어요. 동굴 지도도 있었어요. 꼬불꼬불해서 미로같이 보였어요.

이 동굴은 약 15만 년 전에 생겼습니다.
동굴 속 길이는 1,700미터입니다!

거북이 두 손을 비비며 침을 꿀떡 삼켰어요.
"동굴은 땅속에 생긴 커다란 구멍이야. 구멍치고는 말도 못 하게 크지."
모두들 동굴 속으로 한 발짝, 또 한 발짝 들어섰어요.
위도 아래도 옆도 모두 울퉁불퉁했어요. 햇빛이 사라지고 컴컴했어요.
또옥 똑! 물방울 떨어지는 소리가 들렸어요.
무언가 귀를 스치고 휘르륵 날아갔어요.
"괴물이 튀어나올 것 같아!"
아이들이 소리쳤어요.
거북은 손전등을 켰어요. 동굴 벽과 바닥을 비추어 보았어요.
"어디 보자, 괴물은 없지만 거미와 나방이 있는걸."

모두들 조심조심 아래로 내려갔어요.
"어디까지 이어질까?"
"세상에서 가장 기다란 동굴은 우리 나라보다 세 배나 더 길단다."
"그렇게 기다란 동굴이 정말 있어?"
"응, 저 멀리 아메리카에, 정말 있어."
거북과 아이들은 동굴 속으로 점점 더 깊이 들어갔어요.
동굴은 바닥도 천장도 벽도 모두 괴상하고 신기하게 생겼어요. 뾰족뾰족하고 울퉁불퉁하고 꼬불꼬불하고 구불구불했지요.

"천장에 돌이 매달려 있어. 당근 같은걸."

"저건 애호박 같네."

"아니야, 옥수수 같아."

동굴 벽은 더 괴상하게 생겼어요. 바위가 커튼처럼 구불구불 주름져 있고, 어떤 곳은 해파리처럼 생겼어요. 돌로 된 바닥에는 물이 흐르고 연못도 있었어요. 천장에서 물방울이 또옥 똑 떨어졌어요.

거북이 말했어요.

"이 물방울은 아주 귀한 거야. 동굴 천장에 몇 해 동안 매달려 있다가 이제야 떨어지는 걸지도 모르거든! 처음에 빗물이 땅속으로 스며들어 동굴 천장 틈새에 작은 물방울로 맺혀. 하지만 물방울은 아주아주 작아서 아래로 떨어지지 않고 몇 달 동안 몇 해 동안 매달려 있지."

"와, 대단한데!"

거북이 똑 하고 떨어지는 물방울 아래에서 말했어요.

"물방울을 한 번 맞으면 30년 젊어진다더라!"

"뭐야! 우리가 30년 젊어지면 어떻게 돼!"

그러면서도 아이들은 물방울을 맞으려고 뛰어다녔어요.

모두들 안으로 안으로 더 깊이 들어갔어요.

"넓어졌다가 좁아졌다가, 넓어졌다가 좁아졌다가!"

"공룡 배 속 같아!"

"땅속에 이렇게 커다란 구멍이 있는 줄 몰랐는걸."

"거북아, 어떻게 구멍이 생기는 거야?"

아이들이 와글와글 떠들다가 물었어요.

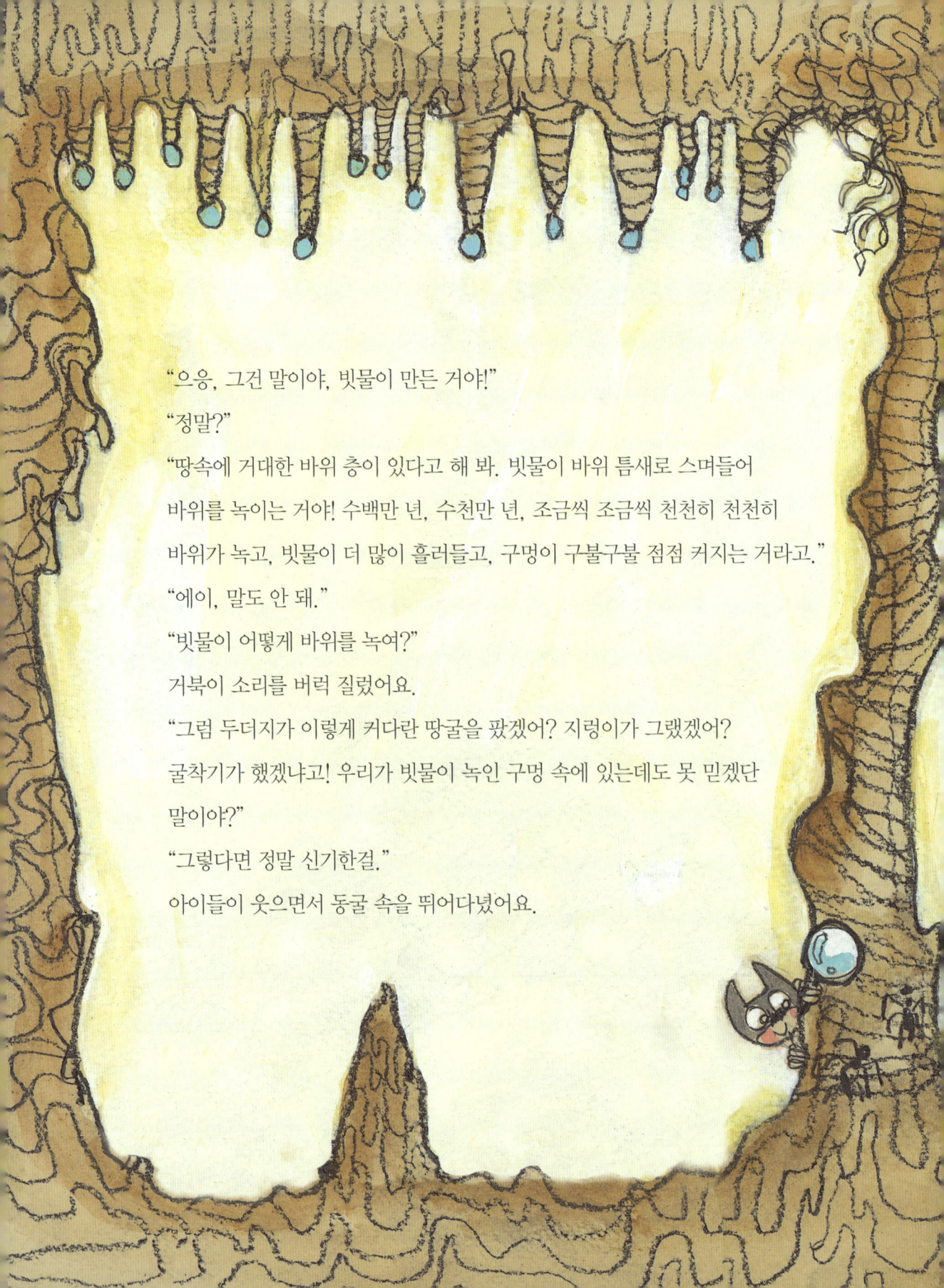

"으응, 그건 말이야, 빗물이 만든 거야!"
"정말?"
"땅속에 거대한 바위 층이 있다고 해 봐. 빗물이 바위 틈새로 스며들어 바위를 녹이는 거야! 수백만 년, 수천만 년, 조금씩 조금씩 천천히 천천히 바위가 녹고, 빗물이 더 많이 흘러들고, 구멍이 구불구불 점점 커지는 거라고."
"에이, 말도 안 돼."
"빗물이 어떻게 바위를 녹여?"
거북이 소리를 버럭 질렀어요.
"그럼 두더지가 이렇게 커다란 땅굴을 팠겠어? 지렁이가 그랬겠어? 굴착기가 했겠냐고! 우리가 빗물이 녹인 구멍 속에 있는데도 못 믿겠단 말이야?"
"그렇다면 정말 신기한걸."
아이들이 웃으면서 동굴 속을 뛰어다녔어요.

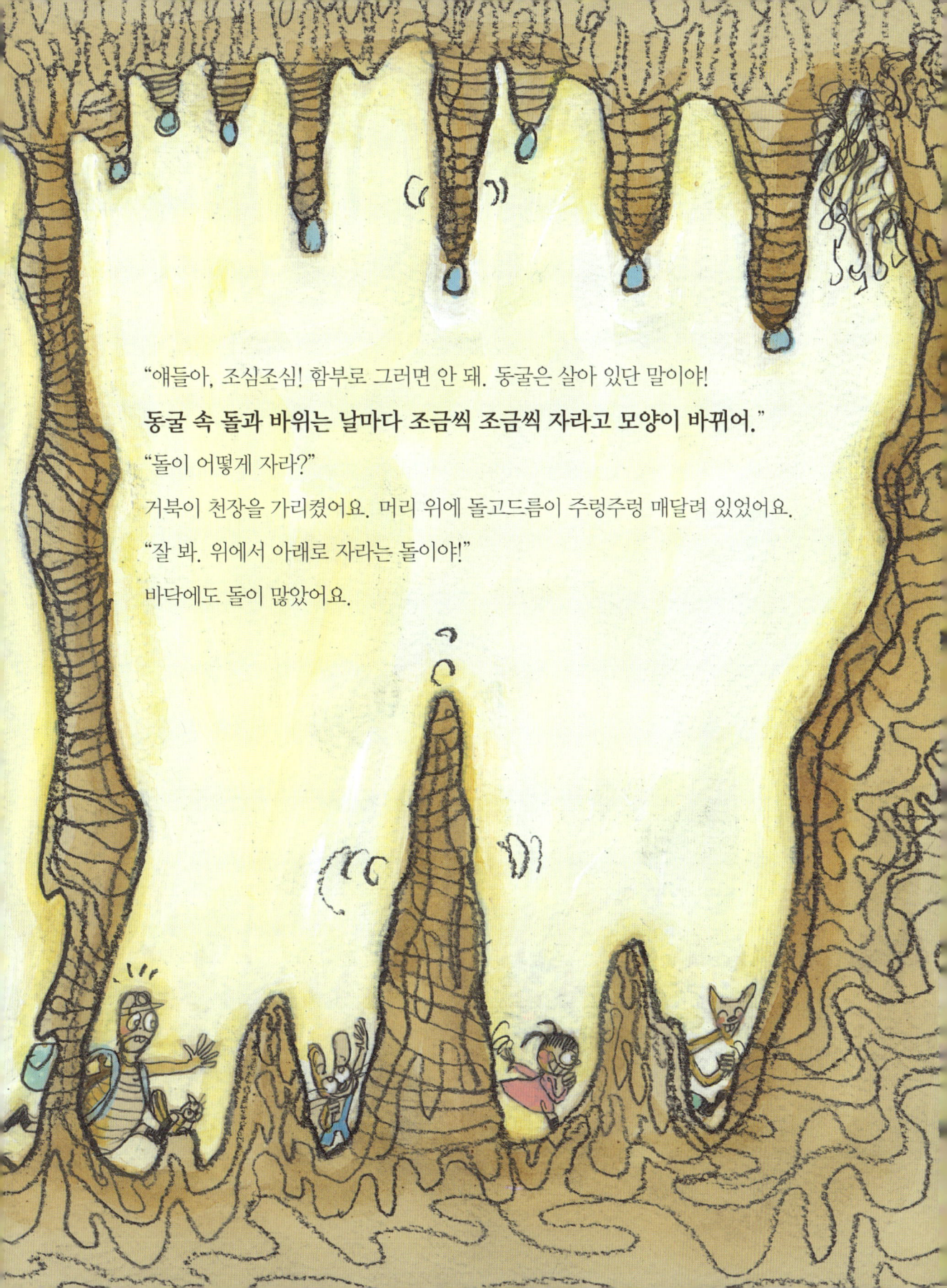

"얘들아, 조심조심! 함부로 그러면 안 돼. 동굴은 살아 있단 말이야!
동굴 속 돌과 바위는 날마다 조금씩 조금씩 자라고 모양이 바뀌어."
"돌이 어떻게 자라?"
거북이 천장을 가리켰어요. 머리 위에 돌고드름이 주렁주렁 매달려 있었어요.
"잘 봐. 위에서 아래로 자라는 돌이야!"
바닥에도 돌이 많았어요.

거북은 당근처럼 생긴 돌을 가리켰어요.

"잘 봐. 저건 밑에서 위로 자라."

"뭐야, 뭐야, 정말?"

"물론 너희들처럼 쑥쑥 자랄 수는 없어. 아무튼 돌이니까 말이야. 돌고드름은 백 년에 겨우 2센티미터 자란단다."

거북이 배추만큼 굵고 야구방망이만큼 기다란 돌고드름을 가리켰어요.

"저건 나이가 5만 살쯤 될 거야!"

거북이 돌기둥을 만지면서 말했어요.

"이건 30만 살은 되었을 거야! 천장에서 아래로 자라는 돌고드름과 바닥에서 위로 자라는 돌이 만나 이렇게 돌기둥이 되었어."

아이들은 아주아주 나이 많은 돌 할아버지를 놀라서 쳐다보았지요.
앗, 동굴이 끝났어요.
거북과 아이들은 온 길을 되짚어 걸었어요.
돌 할아버지를 뒤로하고, 오래오래 된 시간을 거슬러 밖으로 나왔답니다.

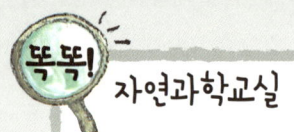

동굴이 어떻게 생길까?

• 석회암 동굴이 생겼어

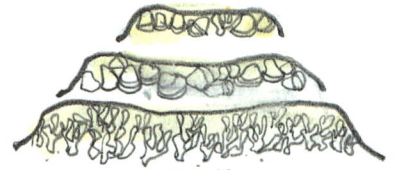

조개껍데기나 산호 조각이 바다 밑에 오랫동안 쌓이고 단단해져 석회암이 돼.

오래오래 시간이 흐른 뒤에 석회암이 위로 솟아올라 육지가 되고 그런 곳에 동굴이 생겨.

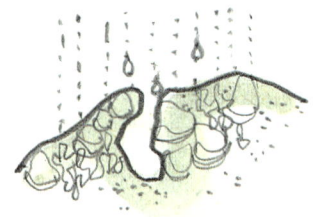

석회암은 다른 바위보다 빗물에 잘 녹고, 동굴이 만들어지기 쉬워.

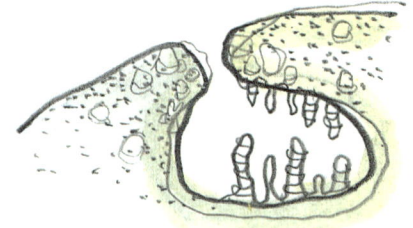

빗물이 오랫동안 바위를 뚫으면 동굴이 생겨.

• 용암 동굴이 생겼어

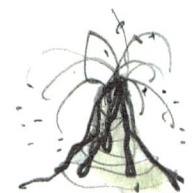

화산이 있는 곳에는 용암 동굴이 생겨. 화산이 폭발할 때 용암이 지나간 길이 그대로 동굴이 되었어.

동굴 안에 누가 살까?

낮에 동굴에서 잠을 자고
저녁이 되면 먹이를 찾아 밖으로 나가.
박쥐 똥은 동굴 생물들에게
귀중한 먹이야.

박쥐

도롱뇽

지네

노래기

쥐며느리

옆새우

동굴 깊숙한 곳에는
눈이 없고 몸이 하얀
조그만 생물들이 살고 있어.

거미

달팽이

고둥

톡토기

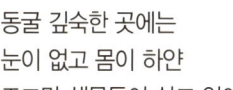

동굴 깊숙한 곳에서 살아.
4억 년 동안 모습이 바뀌지 않은
신기한 곤충이야.
애벌레나 번데기 시절을
거치지 않고 태어난 그대로
어른벌레가 돼.

갈르와벌레

장님굴새우

물속 납작한 돌 아래 숨어 있어.

등줄굴노래기

우리 나라 동굴에만 살아.

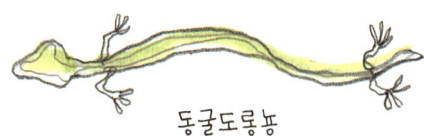
동굴도롱뇽

아직 우리 나라에서는 발견되지 않았어.

65

나무

봄에 나무는 싹을 틔우고

여름에 나무는 쑥쑥 자라고

가을에 나무는 옷을 갈아입고

겨울에 나무는 눈을 보듬어.

나무는 겨울에 무얼 할까?

거북이 사는 작은 숲에 아침저녁으로 찬바람이 불었어요. 오솔길을 오갈 때마다 단풍잎도 하나둘 늘었지요. 오늘은 숲 속 작은 빈터에서 아이들을 만나기로 했어요.

"나도 멋 좀 내 볼까?"

거북은 단풍잎 색 바지를 입고 빨간 모자를 쓰고 집을 나섰어요. 오솔길에서 감나무 잎을 하나 주웠어요.

"사막에 사는 도마뱀한테 편지를 써야지. 편지에 붙여 보내면 도마뱀이 좋아할 거야."

노랗게 물든 팽나무 잎도 주워서 모자에 넣었어요.

"이건 나일강에 사는 악어한테 부쳐 주고."

바람이 불어와 나뭇잎이 우수수 떨어졌어요.

저만치서 아이들이 뛰어왔어요.

"안녕, 얘들아! 나는 낙엽 줍는다."

"그럼 난 솔방울을 주워야지. 솔방울 피구 하자!"

"난 도토리 주울 거야."

"그런데 거북아, 왜 나뭇잎 색깔이 바뀌어? 추워서 그런 거야?"

"그렇기도 하고, 아니기도 해."

"그런 게 어딨어."

"정말로 그러니까 그렇지. 햇볕이 줄고 찬바람이 불면 나무들도 옷을 갈아입어. 나무도 추위를 느끼거든. 하지만 정말로 추워서 그런 건 아니야."

"그럼?"

"쉬려는 거지. 나무는 여름 동안 열심히 일했거든. 잎은 부지런히 영양분을 만들고, 뿌리는 물을 빨아들이고, 줄기는 물과 영양분을 나무 구석구석까지 배달해 주었지. 나무들은 여름에 쑥쑥 자라. 하지만 여름이 끝나 가면 나무도 쉬어야 해."

"여름이 끝난 걸 나무들이 어떻게 알아? 나무들은 달력도 없는데? 사람처럼 오들오들 추위를 느껴?"

거북이 낙엽 하나를 후 불며 말했어요.

"아니, 햇볕이 조금씩 조금씩 줄어들면 그게 바로 신호야! 가을이 되면 해가 늦게 뜨고 일찍 지거든. 그러면 나무들은 더 이상 양분을 만들지 않는단다. 나뭇잎에는 초록 알갱이들이 있어. 과학자들이 엽록소라고 부르는 거야.

엽록소는 여름 동안 부지런히 양분을 만들다가, 햇빛이 줄어들면 그만 시들시들 죽어 버려. 그리고 나면 초록 색소들에 가려 보이지 않던 노란 색소가 잘 보이게 돼. 어떤 나뭇잎은 가을 햇볕을 받아 새로 빨간 색소를 만들기도 하고. 그래서 가을에 나뭇잎이 노랗고 빨간 거야."

"하지만 나뭇잎은 왜 떨어져?
겨울에도 빨갛고 노란 잎들이 달려 있으면 더 예쁠 텐데……."
"그거 좋은 생각이다. 하지만 그건 우리한테만 좋은 거야. 나무들은 그럴 필요가 없어. 나무들은 정말로 쉬는 게 더 좋거든. 추운 겨울이 가까워지면 나무들은 도리어 잎을 모조리 떨어뜨려 버리지. 양분을 만들지도 않을 건데, 잎들이 달려 있으면 힘들고 거추장스럽기만 하잖아. 추운 겨울이 닥쳐오면 나무는 할 수 있는 한 힘을 아껴야 하거든.
나무는 그렇게 나뭇잎이 마르게 내버려 둔단다. 그러면 조금만 바람이 불어도 잎이 팔랑팔랑 떨어지지. 나무는 필요 없는 잎을 떨어뜨리고 겨울잠 잘 준비를 하는 거야."
"정말 똑똑한데? 나무에게 해 줄 말이 생각났어."

아이들이 큰 나무 아래로 뛰어갔어요.

나무는 겨울 준비를 서두르지만 아이들한테는 겨울이 아직 멀었어요. 거북은 모자 가득 빨강 노랑 나뭇잎을 담았어요. 코를 킁킁거리며 한참 동안 이른 겨울 냄새를 맡았지요.

아이들이 와글와글 떠들었어요

"이것 봐. 나뭇가지에 조그맣고 둥근 게 나 있어."

"어디 어디?"

거북은 목을 길게 빼고 나무를 올려다보았어요.

"응, 알았다. 그건 눈이야."

"눈? 나무에도 눈이 있어?"

"하하! 그건 보는 눈이 아니야. 나무눈은 나무에 붙어 있는 조그만 주머니 같은 거야."

"뭐가 들어 있는데?"

"글쎄?"

"뭐가 있냐니까?"

"생각해 봐, 애들아. 가을이 되면 단풍이 들고 나뭇잎이 떨어지지?"

"알아."

"겨울나무를 생각해 봐. 꽃도 지고 열매도 다 떨어졌단다. 초록 잎들도 낙엽이 되어 사라졌고 말이야."

"맞아. 조금 불쌍해."

"하지만 걱정할 게 없지. **겨울나무는 아무것도 없고 앙상하게 보이지만 눈을 남겨 놓았거든!** 어떤 눈에서는 잎이 싹 트고, 어떤 눈에서는 꽃이 핀단다."

"아하!"

아이들이 고개를 끄덕였어요.

"그러니까 눈 속에 잎이랑 꽃이 들어 있는 거야?"

거북이 고개를 끄덕였어요.

"아주 조그만 잎이랑 아주 조그만 꽃이란다."

"우와, 신기해!"

"그런데, 언제부터 눈이 여기 있었어?"

"봄과 여름 동안에 나무는 벌써 눈을 만들어 놓았지."

"나는 몰랐는데!"

"그동안 무성한 잎들 속에 가려서 안 보였던 거야. 이제 잎이 모두 떨어지고 나니까 잘 보이는 거고."

"눈이 눈에 보인다고?"

"하하하! 그러니까 나무눈을 말할 때는 이렇게 소리 내야 해."

거북은 목을 앞으로 쑥 빼고 낮고 두툼한 목소리로 말했어요.

"누---우---ㄴ."

아이들이 누-우-ㄴ을 만져 보았어요.

"어? 눈이 단단해! 털도 있어!"

"살살 만져! 눈이 벌써 잠들었을지 몰라! 눈도 겨울잠을 잔단다. 따뜻하고 튼튼한 옷을 입고 말이야. 잎이 모두 떨어져도 눈은 가지에 그대로 붙은 채 겨울을 보내. 이듬해 봄에 꽃이 피고 파릇파릇 잎이 돋거든 기억하렴. '아하, 눈들이 잠에서 깨었구나' 하고 말이야."

땡땡! 멀리서 학교 종이 울렸어요.

아이들은 주워 모은 도토리를 가방에 넣었어요. 거북은 빨강 노랑 나뭇잎이 가득 든 모자를 챙겼어요. 거북과 아이들은 키득키득 웃으며 학교로 달려갔어요.

 똑똑! 자연과학교실

겨울나무에서 눈을 찾아봐

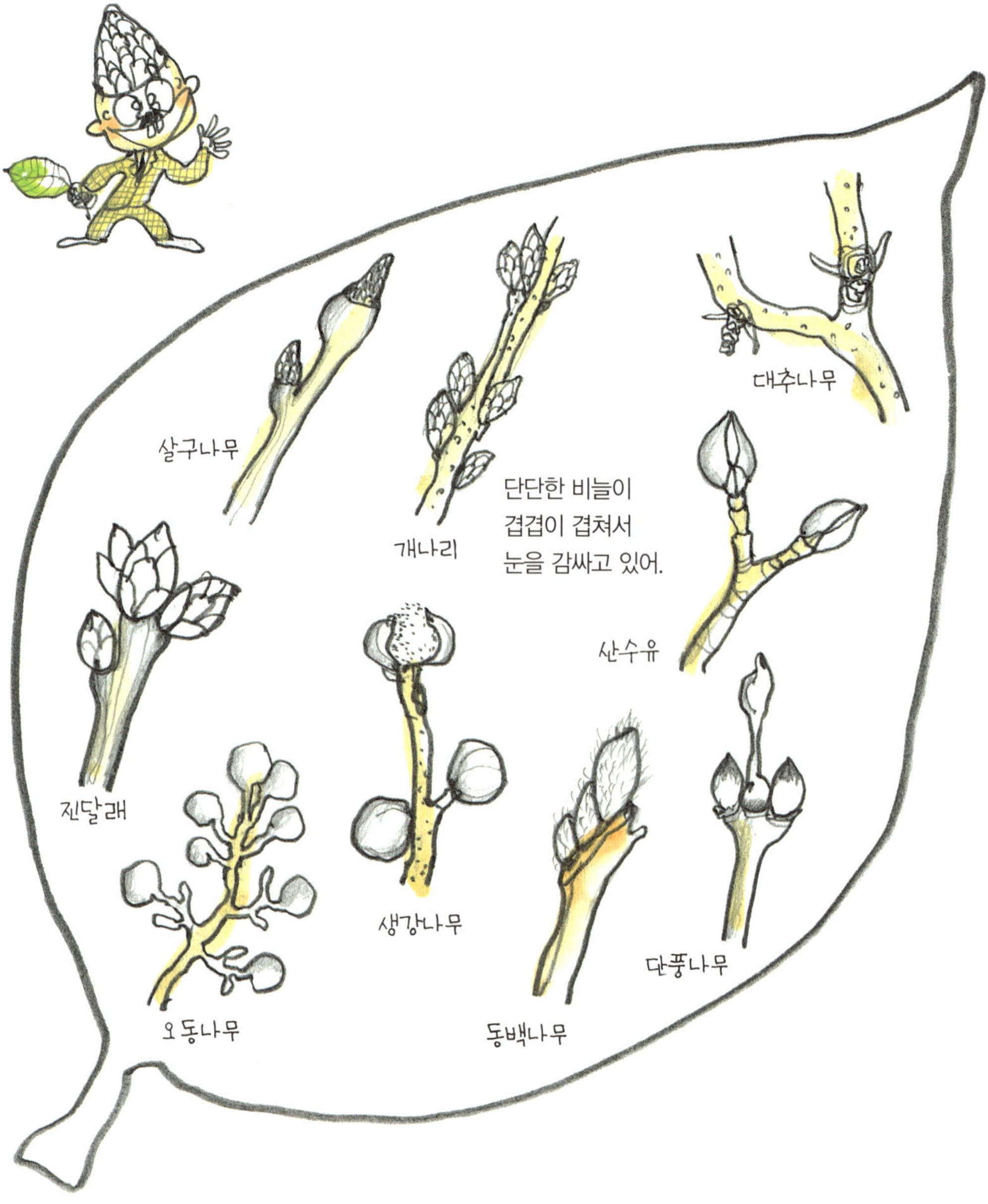

- 살구나무
- 개나리
- 대추나무
- 단단한 비늘이 겹겹이 겹쳐서 눈을 감싸고 있어.
- 산수유
- 진달래
- 생강나무
- 오동나무
- 동백나무
- 단풍나무

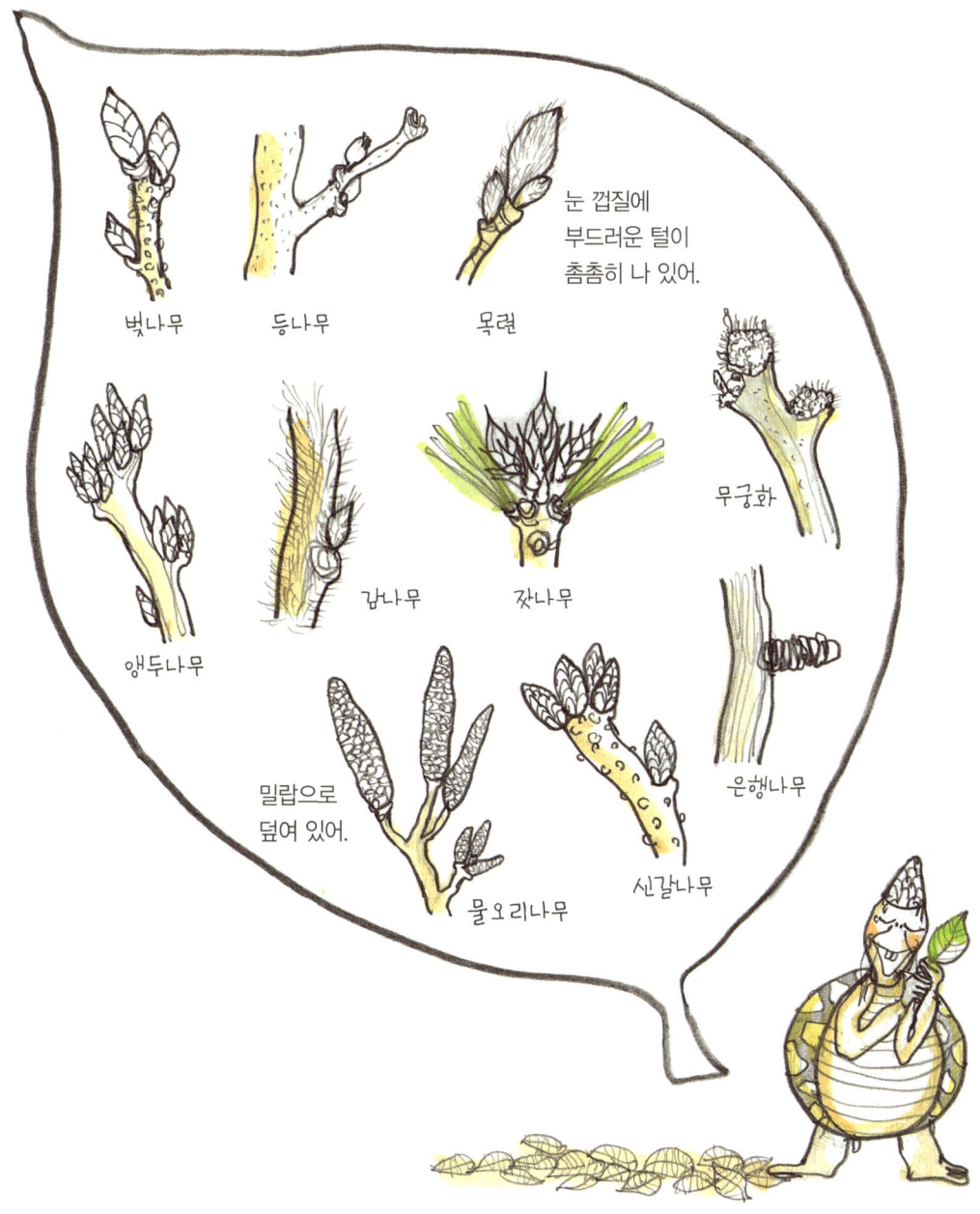

파충류

앗! 저기 거북이 햇볕을 쬐고 있어. 밥은 아주 조금 먹고 느릿느릿 빈둥빈둥

놀기 좋아하는 파충류 거북이가……

거북 선생님은 파충류

거북은 어렸을 때 파충류 학교에 다녔어요. 도마뱀이랑 뱀이랑 같이 다녔어요. 밀림에서 온 악어도 한 마리 있었지요. 몸이 기다랗고 말씨가 점잖은 구렁이 선생님이 학생들을 가르쳤어요.

1학년 때 거북은 허물 벗는 법을 배웠어요. 2학년 때는 겨울잠 제대로 자는 법, 3학년 때는 멀리 떨어져 사는 파충류 친척들에 대해 배웠어요. 4학년 때는 좋은 짝 알아보는 법, 5학년 때는 파충류 역사를 공부했고요. 6학년이 되어서는 '파충류란 무엇인가'에 대하여 함께 진지하게 토론했지요.

6학년 봄 방학이 끝났을 때, 거북은 반 동무들과 구렁이 선생님과 사진을 찍었어요. 그런 다음 세상을 둘러보러 떠났어요.

세월이 엄청나게 흘렀어요.

지금 거북은 또다시 학교에 다니고 있어요. 이번에는 선생님이 되어서요.

앗! 벌써 10시예요. 자명종이 꽥 소리를 질렀어요.

"해가 하늘 높이 떴다. 눈부시게 빛난다. 그만 일어나, 이 잠꾸러기야!"

거북은 앞발로 퍽! 자명종을 끄고 이불에서 나왔어요. 엉금엉금 기어서 평평한 바위 위로 올라갔어요. 네 다리를 쫙 펴고 바위에 엎드려 햇볕을 쬐었어요. 머리, 등껍질, 다리, 발가락, 주름 사이사이에 고루고루 햇볕을 받으면 몸이 따뜻해져요. 그제야 슬슬 생각을 할 수 있어요.

"거북아, 7 더하기 14는 뭐지?"

"21!"

"어제 무슨 책을 읽었지?"

"강아지똥!"

거북은 자기가 파충류라는 걸 하루도 잊은 적이 없어요.
파충류는 잠을 많이 자고, 햇볕을 쬐어야 기운이 나요.
이제 머리가 반짝반짝 맑아졌어요. 거북이 아침을 먹으러 집으로 가요.

거북은 밥을 아주 조금만 먹어요. 파충류는 모두 밥을 조금 먹어요. 뱀은 한 달에 두 번만 밥을 먹고도 끄떡없어요. 학교에 갈 때 거북은 조개껍데기만큼 작은 도시락을 싸지요.

거북은 파충류가 왜 밥을 적게 먹는지 알아요. 사람들은 밥을 먹어서 몸을 따뜻하게 해요. 밥을 먹으면 밥이 소화되면서 열이 생기고, 그 열로 몸이 따뜻해져요. 겨울에도 여름에도 말이에요. 하지만 파충류는 달라요! 파충류는 조그만 태양열 발전소 같아요. **파충류는 햇볕을 쬐어서 몸을 따뜻하게 해요!**

거북이 도시락을 싸다 말고 중얼거렸어요.

"쩝쩝! 오래오래 햇볕을 쬐어야 하는 이 불편함이란! 햇볕을 쬐고 몸이 따뜻해져야 밥도 먹고 놀러도 갈 수 있으니."

그래서 거북은 흐리고 추운 아침에는 일찍 일어나지 않는답니다. 바람이 쌩쌩 부는 겨울에는 집에서 겨울잠을 자고요.

"겨울잠이라고?"

거북은 갑자기 걱정이 되었어요.

"올해는 겨울잠을 자고 싶지 않은데. 책도 많이 읽고 싶고, 아이들이랑 놀고 싶고."

파충류가 궁금해

조그만 도마뱀,
무서운 악어, 기다란 뱀,
느릿느릿 거북,
모두모두 파충류야.

파충류는 '기어 다니는 동물'이라는 뜻이야.
도마뱀도 악어도 거북도 엉금엉금,
뱀은 스르륵스르륵
기어 다니니까.

파충류는 온몸이 비늘로 덮여 있어.

자라느라고 허물을 벗고

뭍에 알을 낳고

날씨가 추워지면 겨울잠을 자.

생쥐처럼 재빠르지 못해도
원숭이처럼 새끼를 잘 돌보지 못해도
늑대처럼 추위를 견디지 못해도

파충류는
생쥐, 원숭이, 늑대, 토끼, 두더지,
사자, 염소, 사람, 새들보다
더 오래전부터 이 세상에 있었단다!
공룡들이 살던 머나먼 옛날부터 말이야.

겨울잠 자기 싫어

겨울이 코앞에 왔어요.

"발이 시려운데, 코도 시렵고."

거북은 방안을 왔다 갔다 했어요.

의자에 앉아서 눈을 껌벅거렸어요.

"이불이 있어야겠어. 아주 두꺼운 걸로."

거북은 장롱을 열었어요. 이불이 우루루 쏟아졌어요.

"이불은 됐고."

거북은 창문 가까이 코를 대 보았어요. 틈새로 바람이 숭숭 들어왔어요.
거북은 문틈마다 문풍지를 꼭꼭 발랐지요.
"방 안에 난로가 있고, 김이 모락모락 나는 주전자도 있으면 좋을 텐데……"
거북은 종이를 가져왔어요. 커다란 종이에 또박또박 글자를 썼어요. 종이가 날아가지 않게 문 앞에 단단하게 붙였어요.

개똥이네 책방 23

거북 선생님 자연과학교실 2
개구리야, 시끄러워

2014년 7월 21일 1판 1쇄 펴냄 | 2015년 7월 8일 1판 3쇄 펴냄

글 권수진, 김성화 | **그림** 장경혜

편집 김로미, 유문숙, 이경희, 조성우 | **디자인** 이종희

제작 심준엽 | **영업·홍보** 백봉현, 안명선, 양병희, 이옥한, 정영지, 조병범, 조서연, 최민용

경영 지원 임혜정, 전범준, 한선희 | **분해** (주)로얄프로세스 | **인쇄·제본** (주)삼성문화인쇄

펴낸이 윤구병 | **펴낸곳** (주)도서출판 보리 | **출판 등록** 1991년 8월 6일 제 9-279호

주소 (413-120) 경기도 파주시 직지길 492 | **전화** 031-955-3535 | **전송** 031-950-9501

누리집 www.boribook.com | **전자우편** bori@boribook.com

© 권수진, 김성화, 장경혜, 2014

이 책의 내용을 쓰고자 할 때는 저작권자와 출판사의 허락을 받아야 합니다.
잘못된 책은 바꾸어 드립니다.

값 13,000원
보리는 나무 한 그루를 베어 낼 가치가 있는지 생각하며 책을 만듭니다.

ISBN 978-89-8428-854-6 74400
ISBN 978-89-8428-852-2 (세트)

* 이 도서의 국립중앙도서관 출판시도서목록(CIP)은 서지정보유통지원시스템 홈페이지(http://seoji.nl.go.kr)와
국가자료공동목록시스템(http://www.nl.go.kr/kolisnet)에서 이용하실 수 있습니다.
(CIP제어번호: CIP2014020681)